AF312091

Collection de feu M. BARINCOU

TABLEAUX

MODERNES

COLLECTION

DE FEU

M. BARINCOU

CONDITIONS DE LA VENTE

Elle sera faite au comptant.

Les Adjudicataires paieront *dix pour cent* en sus des enchères.

Paris. — Imprimerie Georges Petit, 12, rue Godot-de-Mauroi. — 16613-06.

PRÉFACE

Il est bien difficile de laisser disperser la
collection Barincou sans donner un souvenir attendri à l'amateur qui l'avait lentement et amoureusement formée. M. Barincou, qui est mort prématurément, et trop
tôt, hélas ! pour tous les artistes à qui il
s'intéressait. était de cette élite rare,
qui ne demande à un tableau que de lui donner de la joie,
sans exiger de lui qu'il lui promette un gain. Longtemps on l'a
vu suivre les Salons, attentif, précis, ne restant indifférent à aucun
effort. Puis, lorsque son choix était fait, il allait visiter l'artiste
et il lui achetait une œuvre. Bordelais de naissance et de caractère,
il ne tardait pas à devenir l'ami de ceux dont les œuvres le ravissaient ; il parlait d'eux. il communiquait partout où il devinait
qu'on l'écouterait l'admiration qu'il professait pour le talent de
ses protégés. Il se plaisait à leur amener des acheteurs. Et ses avis
n'étaient pas à dédaigner, puisque, parmi les artistes qu'il voulut
connaître et qu'il aida alors qu'ils étaient encore ignorés, plusieurs
sont aujourd'hui justement célèbres. Ce brave homme avait un
dilettantisme délicat, doublé de qualités de cœur qui le faisaient
se donner en une amitié vraiment fraternelle : ses murs. occupés
jusqu'au plafond, en savent quelque chose.

Or voici qu'au moment où sa collection va être vendue, on s'aperçoit qu'il s'y trouve des chefs-d'œuvre : M. Barincou n'avait pas seulement été l'ami des artistes ; il avait été l'ami fervent de l'art, qu'il comprenait, qu'il devinait, qui était la plus chère distraction de sa vie laborieuse, et à qui il accorda en son home des fêtes dont l'exposition de sa collection nous portera l'écho.

On aura devant toutes ces œuvres, peintures ou pastels, une sensation délicieuse de modernisme fort. Comme s'il eût craint d'être confondu avec les amateurs qui recherchent moins la qualité d'une œuvre que la gloriole dont s'illumine — clarté souvent fugitive — le nom de son auteur, il s'était attaché à ses contemporains, et, avec un goût très sûr, il sut choisir parmi eux ceux qui manifestaient leur personnalité, en dépit des difficultés sans nombre dont leurs débuts étaient gênés. En cela, il était dans le vrai, puisque, les batailles enfin apaisées, ceux-là brillent désormais au premier rang. Mais c'était une joie douce au cœur de M. Barincou, de voir parvenus à la réputation ces jeunes à qui, plusieurs années auparavant, il avait crié : « courage ! ».

On lira le catalogue, mais il me plaît de signaler dès ces pages écrites in memoriam : *les rares et belles œuvres de Berton, Roll, Cottet, Ménard, Besnard, Dagnaux, Walter Gay, Lucien Simon, Dulac, Numa Gillet, La Touche, Montenard, Raffaëlli, Boudin, Guillaumet, Harpignies, Lebourg, Henri Martin, l'un des triomphateurs du Salon de cette année, Morrice, de la Villéon, Maufra, Millet, Anquetin, Ad. Albert, Damoye, Clary-Baroux, Guil. Roger, Smith, Cabrit, Carré, Tragardt, mort si jeune, en pleine expansion de talent, etc., etc. Devant* les Marguilliers, le Bal en Bretagne, le Baptême, *de Simon ; la* Femme assise *et les sanguines de Roll ; le* Bas-Meudon, *de Lebourg ; la* Femme à sa toilette *et la* Femme endormie, *d'Armand Berton ;* Eva, *de Besnard ; les* Bretons au prêche *et la* Vue de Venise, *de Cottet ; les admirables figures de Henri Martin ; la* Pêche miraculeuse, *de La Touche ; les deux merveilles de René Ménard ; l'*Esplanade des Invalides *et la* Sommeilleuse, *de Dagnaux, et devant quarante* autres toiles, on aura, en un magique rayonnement, la synthèse de l'art d'aujourd'hui, d'un art qui fut parfois discuté, mais qui est bien un art sain, robuste, inspiré; telles de ces œuvres qui ne datent que de quelques années ont pris déjà leur patine définitive et ne seraient nullement déplacées dans la solennelle majesté d'un musée.

Les connaisseurs, d'ailleurs, ne s'y tromperont pas, et vont chaudement se disputer ces morceaux caractéristiques. Ils y puiseront un sentiment de joie esthétique égal à celui que leur devait M. Barincou, et ils jugeront que celui-ci, modestement, sans bruit, en souriant, avait su vraiment organiser autour de lui un décor enchanteur de beauté.

L. ROGER-MILÈS.

Mai 1906.

TABLEAUX

ALBERT (Adolphe)

1 — Brouillard sur la Seine.

Signé à gauche, en bas : *Adolphe Albert, 1903.*

Toile. Haut., 64 cent.; larg., 82 cent.

ALBERT (Adolphe)

2 — Music-Hall.

Signé à droite, en bas : *Adolphe Albert, 92.*

Toile. Haut., 1 mètre ; larg., 77 cent.

ANQUETIN

3 — Femme endormie.

Signé à gauche, en bas : *Anquetin, 91.*

Toile. Haut., 58 cent.; larg., 78 cent.

ANQUETIN

4 — La Rieuse.

Signé à droite, en bas : *Anquetin, 92.*

Toile. Haut., 54 cent.; larg., 45 cent.

BERTON (ARMAND)

5 — Femme à sa toilette.

Elle est debout, vue de dos, et nue. Elle est train de coiffer sa chevelure châtain à reflets fauves. Son corps gracieux et nerveux dessine ses lignes enchanteresses dans la pénombre de la pièce où n'arrive qu'une lumière tamisée. A droite, on aperçoit une toilette dont un tiroir est ouvert. A gauche, sur un meuble, des serviettes et un peignoir blanc.

Signé à gauche, en bas : *Armand Berton.*

Toile. Haut., 72 cent ; larg., 51 cent.

BERTON (ARMAND)

6 — Femme endormie.

A demi allongée sur un canapé, une jeune femme en robe blanche s'est endormie. Ses mains sont posées l'une sur l'autre, un nœud de ruban chante au devant du corsage légèrement ouvert. La figure est exécutée dans cette ambiance enveloppée qui a fait depuis trente ans la réputation du peintre.

Toile. Haut., 58 cent.; larg., 73 cent.

BESNARD (Albert)

7 — Le Lever.

Dans la chambre, où le jour arrive tamisé, une jeune femme est assise sur le bord de son lit. Son torse apparaît nu, aux formes souples et grasses, aux chairs vibrantes, à l'instant où, les deux bras levés, elle va passer sa chemise. Son visage souriant apparaît vif de tons dans le désordre de la chevelure noire dénouée. Sur le pied du lit, une couverture jaune à rayures vertes et bleues. Dans le fond, une tenture rouge.

Signé à gauche, vers le bas : *Besnard.*

Toile. Haut., 60 cent.; larg., 48 cent. 1/2.

BLANCHE (J.-E.)

8 — La Femme à la lettre.

Elle est assise, la tête tournée de profil à gauche, vêtue de noir. Elle tient de la main droite une lettre ouverte. Son corsage est garni d'une collerette de dentelle.

Signé à droite, en bas : *J.-E. Blanche, 97.*

Toile. Haut., 85 cent.; larg., 72 cent.

BLANCHE (J.-E.)

9 — La Liseuse.

Une jeune femme, assise sur un siège laqué blanc, en robe blanche. Elle est accoudée, la joue posée sur la main gauche, et lit attentivement un livre ouvert, posé sur ses genoux, dont elle suit le texte de la main droite.

Signé à gauche, en bas : *J.-E. Blanche.*

Toile. Haut., 90 cent.; larg., 71 cent.

BORNAINSKA (OLGA)

10 — Femme aux tulipes.

Signé à gauche, en haut : *Olga Bornainska, 98.*

Carton. Haut., 69 cent.; larg., 71 cent.

BOUDIN (EUGÈNE)

11 — La Route.

A droite, des maisons basses aux murs de crépis, le long desquels grimpe parfois de la verdure. A gauche, un mur de clôture, de l'autre côté duquel s'élancent des frondaisons touffues. Au milieu, la route : au premier plan, des poules en train de picorer. Plus loin, deux paysannes, l'une qui s'avance et l'autre qui s'éloigne, tenant un enfant par la main. Au-dessus de la cime des arbres, le ciel blanc avec de grands nuages gris au-devant de l'azur.

Signé à gauche, en bas : *E. Boudin, 91,* et à droite : *12 Juin 91.*

Toile. Haut., 46 cent.; larg., 63 cent. 1/2.

BOUDIN (EUGÈNE)

12 — La Plage de Béneville.

Signé à droite, en bas : *E. Boudin, 92. Béneville.*

Toile. Haut., 50 cent.; larg., 73 cent.

BOUDIN (EUGÈNE)

13 — Antibes.

Signé à droite, en bas : *E. Boudin, 93. Antibes.*

Toile. Haut., 50 cent.; larg., 73 cent.

BOUDIN (Eugène)

14 — Deauville.

Signé à gauche, en bas : *E. Boudin, 90*, et à droite : *Deauville*.

Panneau. Haut., 32 cent. ; larg., 42 cent.

CABRIT (Jean)

15 — L'Automne.

Les arbres, à l'écorce blanche, émergent de la futaie : l'automne, sur le sol et dans les branches, a multiplié son orfèvrerie. Au fond, on aperçoit, au-dessus des constructions, un ciel bleu au-devant duquel s'envolent des nuages blancs.

Signé à droite, en bas : *Jean Cabrit*.

Toile. Haut., 42 cent.; larg., 72 cent.

CABRIT (Jean)

16 — Le Gave desséché.

Signé à droite, en bas : *Jean Cabrit*.

Panneau. Haut., 37 cent.; larg., 45 cent.

CABRIT (Jean)

17 — Au flanc de la colline.

Signé à gauche, en bas : *Jean Cabrit*.

Toile. Haut., 75 cent.; larg., 1 m. 65.

CARRÉ (Léon)

18 — La Douloureuse.

Signé à droite, en bas : *Léon Carré, 1904*.

Toile. Haut., 45 cent.; larg., 37 cent.

CARRÉ (Léon)

19 — Fin de souper.

Signé à droite, en bas : *Léon Carré, Paris 1904.*

Toile. Haut., 45 cent.; larg., 37 cent.

CARRÉ (Léon)

20 — Au Luxembourg.

Signé à gauche, en bas : *Carré, juin 1903.*

Toile. Haut., 45 cent. 1/2 ; larg., 38 cent.

DE CASTRO

21 — Un Coup difficile.

Signé à droite, en bas : *De Castro.*

Toile. Haut., 96 cent.; larg., 1 m. 16.

CLARY-BAROUX

22 — Le Jardin de Dorival (de l'Odéon).

Signé à gauche, en bas : *Clary-Baroux.*

Haut., 52 cent.; larg., 71 cent.

CLARY-BAROUX

23 — Le Printemps au bord de l'Oise.

Signé à gauche, en bas

Toile. Haut., 50 cent.; larg., 70 cent.

CLARY-BAROUX

24 — Bords de rivière.

Signé à droite, en bas : *Clary-Baroux.*

Toile. Haut., 47 cent.; larg., 55 cent.

COTTET (CHARLES)

25 — Bretonnes et Bretons au prêche.

On les voit de profil, dans la pénombre de la petite église, attentifs et graves. Les femmes sont coiffées d'un petit bonnet de mousseline ; les hommes ont la tête nue.

Signé à droite, en bas : *Cottet.*

Panneau. Haut., 29 cent.; larg., 42 cent.

COTTET (CHARLES)

26 — Le Canale Grande, à Venise.

Dans les premiers plans, une tartane à voile jaune s'avance vers la droite. Au fond, de l'autre côté du quai, on aperçoit le Palais des Doges, la Piazzetta et le Campanile, dans une lumière blonde sous un ciel d'azur pâle A la surface de l'eau, de grands reflets s'étendent en frissonnant.

Signé à droite, en bas : *Ch. Cottet.*

Peint sur carton. Haut., 53 cent. 1/2; larg., 71 cent.

COTTET (CHARLES)

27 — Gros temps dans une crique, en Bretagne.

Au premier plan et à gauche, le terrain aux roches jetées là par quelque main de géant. Au milieu et à droite, la mer qui vient battre le sol de ses vagues successives et furieuses. Dans le ciel, d'épaisses nuées d'orage.

Signé à gauche, en bas : *Ch. Cottet, 94.*

Peinture sur carton. Haut., 52 cent.; larg., 72 cent. 1/2.

DAGNAUX (Albert)

28 — L'Esplanade des Invalides.

L'hiver : le sol couvert de neige. Au fond, l'entrée des Invalides, puis les constructions de l'hôtel. Un ciel gris et froid.
Dans les premiers plans, à quelque distance d'une lanterne à
gaz, un passant marche de profil à gauche, la tête engoncée
dans les épaules.

Signé à droite, en bas : *A. Dagnaux, 91*.

Toile. Haut., 71 cent; larg., 91 cent.

A figuré au Salon de 1891.

DAGNAUX (Albert)

29 — La Dormeuse.

Elle est assise nue sur son lit. Elle pose sa tête sur l'oreiller ;
près d'elle, sur une banquette, ses vêtements de bal. La figure
se détache en clair sur un fond gris et blanc.

Signé à gauche, en bas : *A. Dagnaux*.

Toile. Haut., 1 m. 40; larg., 1 m. 12.

Salon de 1890.

DAGNAUX (Albert)

30 — La Rue Mabillon, par la neige.

Signé à gauche, en bas : *A. Dagnaux*.

Panneau. Haut., 35 cent.; larg., 27 cent.

DAGNAUX (Albert)

31 — Le Bateau-lavoir, au pont des Arts.

Signé à gauche, en bas : *A. Dagnaux*.

Panneau. Haut., 25 cent. 1/2; larg., 34 cent.

DAMOYE (E.)

32 — Les Marais.

Signé à droite, en bas : *E. Damoye, 87.*

Toile. Haut., 65 cent.; larg., 1 m. 10.

DAMOYE (E.)

33 — La Vague.

Signé à droite, en bas : *E. Damoye, 85.*

Panneau. Haut., 31 cent.; larg., 59 cent.

DAMOYE (E.)

34 — L'Inondation.

Signé à droite, en bas : *E. Damoye, 85.*

Toile. Haut., 46 cent.; larg., 72 cent.

DAMOYE (E.)

35 — Village de pêcheurs au bord de la mer.

Signé à gauche, en bas : *E. Damoye, 90.*

Toile. Haut., 41 cent.; larg., 69 cent.

DAMOYE (E.)

36 — L'Écluse.

Signé à gauche, en bas : *E. Damoye, 90.*

Toile. Haut., 43 cent.; larg., 81 cent.

DUFOUR (Camille)

37 — L'Ile.

Signé à droite, en bas : *Camille Dufour*.

Toile. Haut., 38 cent.: larg., 54 cent.

DULAC (Charles)

38 — Nature morte.

Signé à gauche, en bas : *Ch. Dulac*.

Toile. Haut., 25 cent.; larg., 34 cent.

DULAC (Charles)

39 — Fiésole, la Pineta.

Signé à gauche, en bas : + *M. Ch. Dulac, 97*.

Toile marouflée sur carton. Haut., 27 cent. ; larg., 33 cent.

GAY (Walter)

40 — La Salle à manger.

Signé à droite, en bas : *Walter Gay*.

Panneau. Haut., 48 cent.; larg., 60 cent.

GAY (Walter)

41 — La Porte ouverte.

Signé à droite, en bas : *Walter Gay*.

Panneau. Haut., 52 cent.; larg., 40 cent.

GAY (Walter)

42 — Le Vase de Chine.

Signé à droite, en bas : *Walter Gay.*

Toile. Haut., 44 cent.; larg., 35 cent. 1/2.

GILLET (Numa)

43 — La Fillette au coquelicots.

Signé à droite, en haut : *Numa Gillet.*

Toile. Haut., 34 cent.; larg., 26 cent.

GILLET (Numa)

44 — Dans le parc.

Signé à droite, en bas : *Numa Gillet.*

Toile. Haut., 45 cent.; larg., 55 cent.

GILLET (Numa)

45 — Dans la prairie.

Signé à gauche, en bas : *Numa Gillet.*

Toile. Haut., 40 cent.; larg., 27 cent.

GIRAN-MAX

46 — Le Plant de choux.

Signé à gauche, en bas : *Giran-Max. 91.*

Panneau. Haut., 35 cent.; larg., 26 cent. 1/2.

GIRAN-MAX

47 — Le Pré, en automne.

Signé à gauche, en bas : *Giran-Max, 91.*

Toile. Haut., 38 cent.; larg., 54 cent.

GROSJEAN (Henry)

48 — La Lisière.

Signé à gauche, en bas : *Henry Grosjean, 1902.*

Toile. Haut., 80 cent.; larg. 1 m. 16.

GROSJEAN (Henry)

49 — Le Soir (bord d'étang).

Signé à gauche, en bas : *Henry Grosjean.*

Toile. Haut., 49 cent.; larg., 65 cent.

GROSJEAN (Henry)

50 — Saint-Cloud.

Haut., 48 cent.; larg., 64 cent

GROSJEAN (Henry)

51 — Un Plateau du Jura.

Signé à droite, en bas : *Henry Grosjean, 1904.*

Panneau. Haut., 24 cent. 1/2 ; larg., 35 cent.

GUILLAUMET (G.)

52 — Marché arabe.

Dans son curieux livre : *Tableaux algériens*, le peintre a écrit les lignes suivantes, qui, mieux que tous les commentaires, disent quelle sensation il a interprétée :

« Des terrains poudreux inondés de soleil ; un amoncellement de murailles grises sous un ciel sans nuages ; des maisons d'argile découpant leurs silhouettes sur des bleus profonds ; une cité somnolente baignée d'une lumière égale, et, dans le frémissement visible des atomes aériens, quelques ombres venant çà et là détacher une forme, accuser un geste, parmi les groupes en burnous qui se meuvent sur les places....

» Le regard ébloui ne sait d'abord où se poser.

» C'est l'heure où s'anime la place comprise entre l'enceinte crénelée de la redoute et le front sud du ksar.

» Les âniers, en sandales de paille, s'y réunissent les premiers avec leurs bourriques chargées, les unes de gerbes d'alfa pour la nourriture des bestiaux, les autres de bois de genévrier coupé sur une montagne des environs. Les bêtes, exténuées se couchent auprès de leurs maîtres. Ceux-ci, par paresse, négligent de les délivrer de leurs fardeaux. Les pauvres ânes attendent ainsi tant que le bois n'est pas vendu....

» Bientôt la place se couvre d'indigènes. Des marchands disposent par tas les fruits de conserves : abricots secs, figues écrasées, dattes gluantes autour desquelles bourdonnent les mouches. D'autres arrivent des jardins, avec un approvisionnement de légumes frais. Ils étalent sur la poussière des courges de toute forme et de toute grandeur, dont les ventres reluisent à côté de monstrueux navets, de chapelets d'oignons violets, de carottes pâles venues à force d'eau et qui atteignent la dimension de nos betteraves.... »

Signé à droite, en bas : *G. Guillaumet, 1877.*

Toile. Haut., 2 m. 25 ; larg., 3 m. 25.

Salon de 1877.
Vente Humbert.

GUILLAUMIN

53 — Les Meules.

Signé à droite, en bas : *Guillaumin.*

Toile. Haut., 63 cent.; larg., 80 cent.

GUILLOUX

54 — Notre-Dame de Paris, le soir (vue du chevet).

Signé à droite, vers le bas : *C. Guilloux, 1892.*

Carton. Haut., 26 cent.; larg., 35 cent.

HARPIGNIES

55 — Les Ormes.

Au sommet d'un talus qui domine la route, trois ormes dressent leurs cimes empanachées. Autour d'eux, le sol qui s'élève vers la droite, en pente douce, est livré à la culture. Au fond, sous un ciel bleu légèrement ennuagé, d'autres arbres épanouissent leurs frondaisons.

Signé à droite, en bas : *H. Harpignies.*

Toile. Haut., 34 cent.; larg., 24 cent.

JEANNIN

56 — Pivoines rouges.

Signé à gauche, en bas.

Toile. Haut., 64 cent.; larg., 73 cent.

LANDAIS

57 — Le Parterre fleuri.

Signé à droite, en bas : *H. Landais, 1903.*

Toile. Haut., 65 cent.; larg., 55 cent.

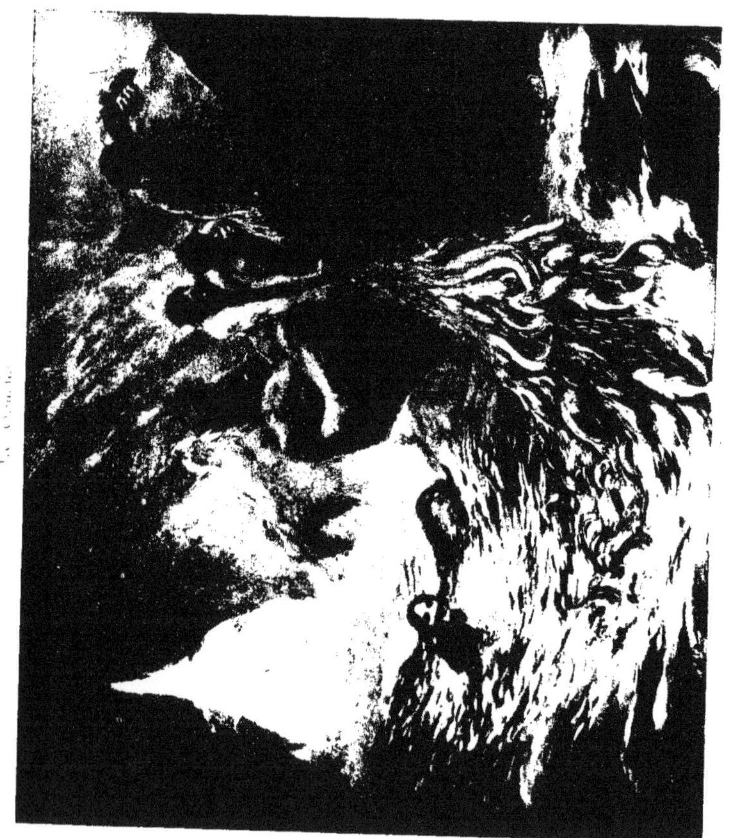

LA TOUCHE

58 — La Pêche miraculeuse.

Dans un océan fabuleux, des sirènes rient et se moquent de trois hommes en train de tirer, sur une roche, un filet qu'alourdit tout un monde de poissons. Plus loin, comme en un mirage, on aperçoit une autre figure de pêcheur qui s'efforce, tandis que, dans la déchirure du roc, un large vol d'albatros prend son essor, marquant du circonflexe de son envergure d'ailes la grande lumière qui tombe du ciel bleu.

Signé à gauche, en bas : *Gaston La Touche.*

Toile. Haut., 1 m. 10 ; larg., 1 m. 3o.

LEBOURG

59 — Le Bas-Meudon.

A droite, le quai qui fuit en tournant devant « la Pêche miraculeuse ». A gauche, la Seine à laquelle conduit une berge en pente douce. A la surface, toute une flotille de barques. Au fond, plus loin que le tournant du fleuve, les collines basses, au-dessus desquelles plane un ciel d'été.

Signé à droite, en bas : *A. Lebourg.*

Toile. Haut., 45 cent.; larg., 75 cent.

LECOMTE (Paul)

60 — Bords de rivière.

Signé à gauche, en bas : *Paul Lecomte.*

Toile. Haut., 38 cent.; larg., 50 cent.

LEMORDANT

61 — Bateaux amarrés (Bretagne).

Signé à droite, en bas : *Lemordant.*

Toile. Haut., 43 cent.; larg., 53 cent.

LIÉVIN

62 — La Grande rue au hameau, effet de soleil.

Signé à gauche, en bas : *Liévin.*

Toile. Haut., 43 cent.; larg., 44 cent.

LOISEAU (G.)

63 — Plaines et coteaux.

Signé à gauche, en bas : *G. Loiseau.*

Toile. Haut., 52 cent.; larg., 70 cent.

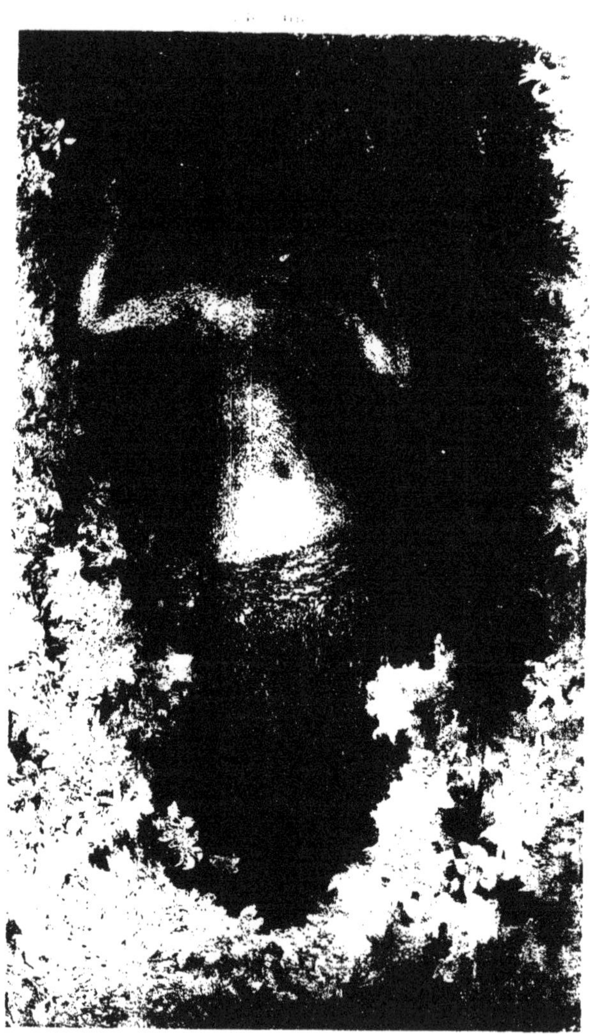

MARTIN (Henri)

64 — Signum crucis (la vierge au lys).

Debout, en sa nudité gracile, elle penche la tête en avant et touche son front de la main droite pour un signe de croix. A droite, on aperçoit, dans le bas, le calice d'un lys qu'elle doit tenir de la main gauche. Une grande lumière vient éclairer la joue gauche et le côté du torse. Sur un fond gris, sont indiquées des plumes de paon.

Signé à gauche, en haut : *Henri Martin, 91.*

Toile. Haut., 53 cent.; larg., 43 cent.

MARTIN (Henri)

65 — L'Ondine aux yeux verts.

Elle apparaît jusqu'à la poitrine, dans un paysage aux roches escarpées; des brindilles vertes enguirlandent ses cheveux bruns, et, dans son visage aux traits rudes, les deux yeux allument leurs clartés vertes.

Signé à gauche, en bas : *Henri Martin, 99.*

Toile. Haut., 67 cent.; larg., 56 cent.

MARTIN (Henri)

66 — Beauté.

Dans les lys, elle apparaît, le torse nu, les jambes dérobées sous une draperie verte; ses cheveux roulent en souplesses brunes sur son dos, mais de ses deux mains relevées elle écarte les tresses qui tombaient le long de son visage, afin de recevoir la lumière vive qui vient caresser sa chair.

Signé à gauche, en bas : *Henri Martin.*

Toile. Haut., 1 m. 92; larg., 1 m. 1.

3

MARTIN (Henri)

67 — L'Auvergnat.

Une silhouette extraordinaire de vérité, se détachant sur un fond de champs aux cultures diverses. Il a la tête protégée par un feutre mou.

Signé à droite, en bas : *Henri Martin, 96*.

Toile. Haut., 44 cent.; larg.. 37 cent.

MARTIN (Henri)

68 — Méditation.

Assise à l'ombre, une jeune femme, les mains croisées, apparaît de trois quarts à droite. Sa silhouette grave, son visage au teint chaud, encadré de cheveux noirs, se détachent sur un paysage de vallée largement doré de soleil.

Signé à gauche, en bas : *Henri Martin, 86*.

Toile. Haut., 55 cent.; larg., 66 cent. 1/2.

MARTIN-KAVEL

69 — Vase de fleurs.

Signé à gauche, en bas : *F. Martin*.

Toile. Haut., 40 cent.; larg.. 32 cent.

MAUFRA

70 — Le Sémaphore.

Signé à gauche, en bas : *Maufra, 1904*.

Toile. Haut., 54 cent.; larg.. 80 cent.

MILLER

71 — La Crinoline.

Une jeune femme assise, en jupe-crinoline de soie noire
et en corset. Sa chemise blanche glisse légèrement des épaules.
La tête est vue de profil à gauche, et la jeune personne s'exa-
mine dans un miroir. Autour d'elle, un coussin de velours
vert, un chandelier à abat-jour rouge et quelques autres objets.

Signé à droite, en bas : *F.-E. Miller.*

Toile. Haut., 1 m. 15 ; larg., 80 cent.

Salon de 1904.

MORRICE (J.-W.)

72 — Le Cirque.

Le cirque aux banquettes rouges, à la lumière falote. Une
écuyère de panneau passe sur son cheval blanc autour de la
piste ; deux clowns semblent se reposer. Le public est rare sur
les banquettes et les taches noires des individus font mieux
sentir encore le ton rouge du velours des gradins.

Signé à gauche, en bas : *J.-W. Morrice.*

Toile. Haut., 50 cent. ; larg., 59 cent.

MORRICE (J.-W.)

73 — Le Quai des Grands-Augustins, temps de neige.

Signé à droite, en bas : *J.-W. Morrice.*

Toile. Haut., 46 cent. 1/2 ; larg., 72 cent. 1/2.

OTTMANN (N.)

74 — Jeune femme lisant.

Signé à droite, en bas : *M. Ottmann.*

Toile. Haut., 90 cent. ; larg., 70 cent.

RIGAUD (P.-G.)

75 — Pins, à Contis.

Signé à gauche, en bas : *P.-G. Rigaud. Contis, 1902.*

Toile. Haut., 37 cent. 1/2 ; larg., 54 cent.

RIGAUD (P.-G.)

76 — Bords de rivière.

Signé à gauche, en bas : *P.-G. Rigaud, 1902.*

Toile. Haut., 38 cent. ; larg., 53 cent.

RIGAUD (P.-G.)

77 — Petite ville, le soir.

Signé à droite, en bas : *P.-G. Rigaud, 1902.*

Toile. Haut., 53 cent.; larg., 65 cent.

RIGAUD (P.-G.)

78 — Dans l'église.

A l'entrée d'une église, près d'un pilier, un vieux mendiant se tient debout, appuyé sur une canne. Au fond, dans une chapelle latérale, une grande verrière à travers laquelle filtre le soleil.

Signé à droite, en bas : *P.-G. Rigaud. 1903.*

Toile. Haut., 72 cent.; larg., 57 cent.

ROGER (Guillaume)

79 — **Canal sous la neige.**

Signé à gauche, en bas : *Guillaume Roger*.

Toile. Haut., 52 cent.; larg , 72 cent.

ROGER (Guillaume)

80 — **Marine (Amsterdam).**

Signé à gauche, en bas.

Toile. Haut., 53 cent. 1 2 ; larg., 73 cent.

ROGER (Guillaume)

81 — **Le Canal, effet d'automne.**

Signé à gauche, en bas : *Guillaume Roger*.

Haut., 53 cent.: larg., 72 cent.

ROGER (Guillaume)

82 — **Moulin au dégel (Hollande).**

Signé à gauche, en bas : *Guillaume Roger*.

Toile. Haut., 55 cent.; larg., 72 cent.

ROLL

83 — Dans le jardin.

Au fond d'un jardin, une jeune femme est assise sur une chaise : elle est vue de dos; sa chemise a glissé le long des épaules, qui apparaissent nues sous la lumière. Elle est blonde, et, dans ses cheveux relevés, elle a piqué une fleur. Près d'elle, un chien noir attend une caresse.

C'était là, pour le grand artiste, un prétexte à une étude de nature sincère et réelle.

Signé à gauche, en bas : *Roll*.

Toile. Haut., 1 m. 60; larg., 2 m. 10.

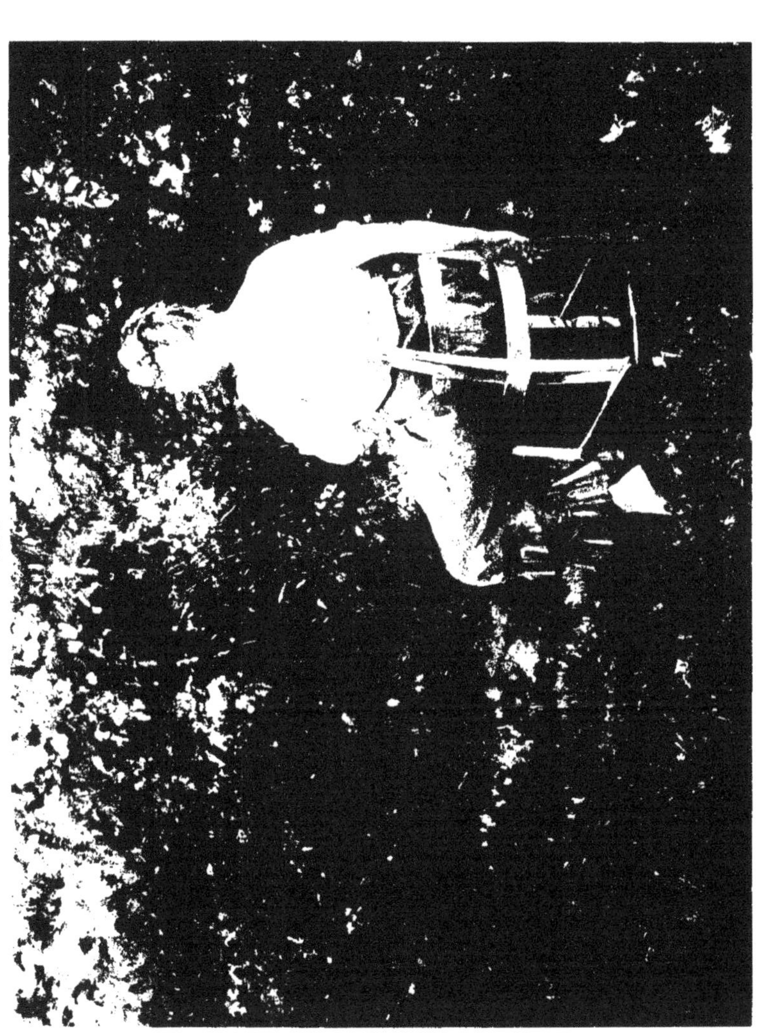

ROLL

84 — Au Bord de la source.

Dans la clairière, debout, une nymphe vue de face semble mirer sa beauté nue dans une source, en partie recouverte par des herbes fleuries. Sur les épaules, sur les cheveux blond ardent, sur la poitrine, le soleil promène ses caresses dorées. La figure se détache sur un fond de branches sombres et sur une partie de sol aux herbes claires.

Signé à gauche, en bas : *Roll.*

Toile. Haut., 55 cent. ; larg., 37 cent.

ROLL

85 — La Jeune fille au béret.

Vue de dos jusqu'à mi-corps, dans un jardin, la jeune fille, vêtue d'un costume lilas pâle, apparait : sa tête blonde, coiffée d'un béret noir que retient une épingle de métal, est légèrement tournée vers la droite et laisse voir le rose incarnadin de la joue. Au fond, des branches fleuries.

Signé à gauche, en bas : *Roll.*

Toile. Haut., 54 cent. 1/2 ; larg., 55 cent.

SIMON (Lucien)

86 — Les Marguilliers.

C'est le jour de la Fête-Dieu dans l'église de la sous-préfecture. Déjà ces dames de la Persévérance sont passées, portant leurs bannières et suivies du clergé, et voici que s'avancent derrière le sacristain, solennels et majestueux, Messieurs de la Fabrique. Ils tiennent à la main un cierge allumé et marchent importants, superbement grotesques dans la lumière blonde qui tombe des verrières.

Signé à gauche, en bas : *Simon*.

Toile. Haut., 83 cent. 1 2 ; larg., 1 m. 06.

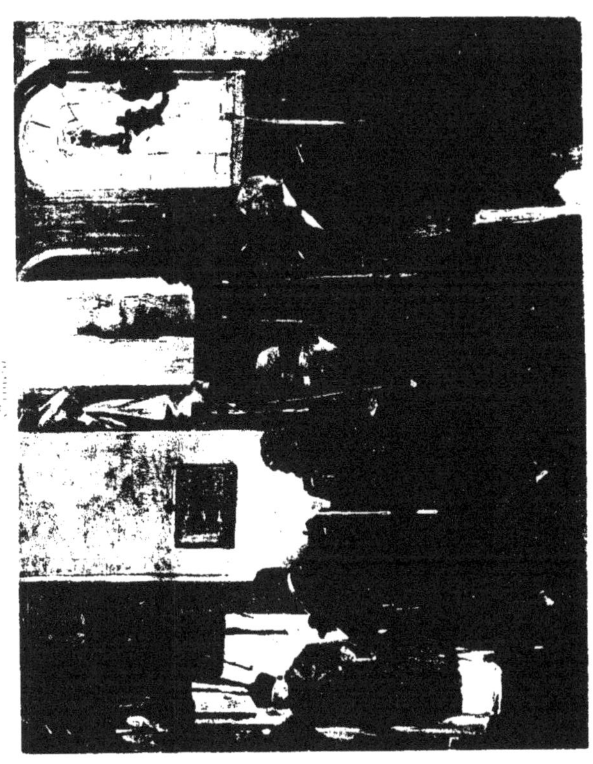

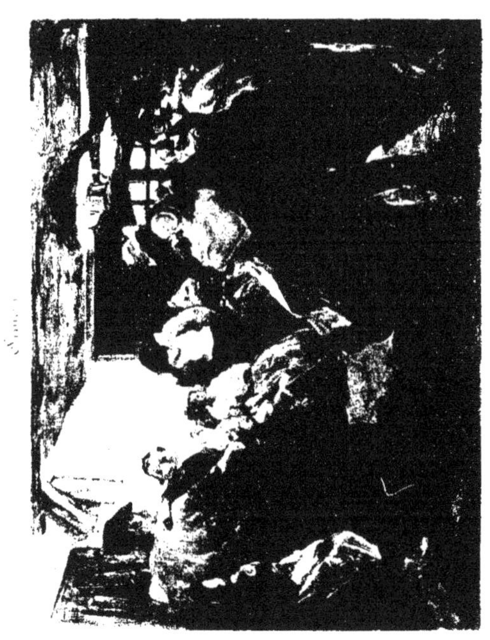

SIMON (Lucien)

87 — Le Bal.

Dans la pièce basse, éclairée par des lampes à pétrole, les Bretons et les Bretonnes s'en donnent à cœur joie de danser aux accents d'un biniou essouflé. Au premier plan, deux groupes tournent ; d'autres, vers la droite, suivent le mouvement aux arrière-plans. Entre les deux groupes du premier plan, on aperçoit contre le mur, assises sur un banc, des paysannes qui causent et des hommes debout.

Signé à droite, en bas : *Simon.*

Toile. Haut., 54 cent.; larg., 73 cent.

SIMON (Lucien)

88 — Les Joueurs.

Dans un coin sombre, au cabaret, autour d'une table, des mathurins font une manille. A gauche, l'un des joueurs, en blouse bleue, va jeter un as de pique, qu'il lève de la main droite menaçante. A droite, près d'une fenêtre, quelques fûts. Sur la table, une bouteille débouchée.

Signé à gauche, en haut : *Simon*.

Toile. Haut., 29 cent.; larg., 36 cent.

SIMON (Lucien)

89 — Le Baptême.

A la table, le témoin signe et date sous l'œil attentif de l'abbé. Derrière lui, une nourrice portant l'enfant, puis les autres témoins, hommes et femmes, graves et silencieux. A droite, un enfant de chœur qui se revêt de sa robe rouge. La scène se passe dans la sacristie d'une petite église bretonne.

Signé à droite, en bas : *Simon*.

Toile. Haut., 43 cent.; larg., 60 cent.

SIMON (Lucien)

90 — La Séance.

A droite, debout devant son chevalet, le peintre. A gauche, assise sur des coussins, le modèle : une femme blonde, vue presque de dos, les bras ramenés en arrière : ses jambes sont en partie cachées par une draperie blanche. A droite, le modèle a posé ses vêtements.

Signé à droite, en bas : *L. Simon*.

Toile. Haut., 51 cent.; larg., 64 cent.

SMITH (ALFRED)

91 — Le Phare, à Venise.

Signé à droite, en bas : *Alfred Smith, 99.*

Toile. Haut., 49 cent.; larg , 73 cent.

SMITH (ALFRED)

92 — Dans le parc.

Signé à droite, en bas : *91, Paris, S.-Alfred Smith.*

Panneau. Haut., 41 cent.; larg., 26 cent.

SMITH (ALFRED)

93 — Le Grain.

Signé à gauche, en bas : *Alfred Smith, 88.*

Toile. Haut., 50 cent.; larg., 72 cent.

SMITH (ALFRED)

94 — La Forêt.

Signé à droite, en bas : *Alfred Smith.*

Toile. Haut., 1 m. 14; larg., 1 m. 50.

SMITH (ALFRED)

95 — Les Saules.

Signé à droite, en bas : *Smith.*

Toile. Haut., 53 cent.; larg., 70 cent.

SMITH (Alfred)

96 — La Vache noire.

Signé à droite, en bas : *Alfred Smith.*

Toile. Haut., 65 cent. ; larg., 78 cent.

SMITH (Alfred)

97 — La Rue, jour de pluie.

Signé à droite, en bas : *Alfred Smith.*

Panneau. Haut., 24 cent. ; larg., 33 cent.

SMITH (Alfred)

98 — La Visite au jardin.

Signé à droite, en bas : *Alfred Smith.*

Panneau. Haut., 38 cent.; larg., 27 cent.

SMITH (Alfred)

99 — Sur le Grand Canal.

Signé à gauche. en bas : *Venise, Alfred Smith, 96.*

Toile. Haut., 50 cent.; larg., 71 cent.

SMITH (Alfred)

100 — Cheval de selle.

Signé à gauche, en bas : *Alfred Smith, 90.*

Toile. Haut., 66 cent.; larg., 80 cent.

TARDIEU

101 — Le Cavalier rouge.

Signé à gauche, vers le bas.

Panneau. Haut., 40 cent.; larg., 35 cent.

TRAGARDT (Charles)

102 — Le Passeur.

Signé à droite, en bas : *Tragardt, 92.*

Panneau. Haut., 27 cent.; larg., 35 cent.

TRAGARDT (Charles)

103 — Lavandière dans une barque.

Signé.

Panneau. Haut., 27 cent.; larg., 38 cent.

TRAGARDT (Charles)

104 — Ane dans un paysage.

Signé à droite. en bas : *Tragardt, 91.*

Toile. Haut., 56 cent.; larg., 69 cent.

TRAGARDT (Charles)

105 — La Petite bergère.

Signé à droite, en bas.

Toile. Haut., 55 cent.; larg., 45 cent.

TRAGARDT (Charles)

106 — Pommiers en fleurs.

Signé à droite, en bas : *C. Tragardt, 94.*

Toile. Haut., 59 cent.; larg., 80 cent.

TRAGARDT (Charles)

107 — Moutons dans une prairie émaillée de coquelicots.

Signé à droite, en bas : *Tragardt, 1893.*

Toile. Haut., 83 cent.; larg., 1 m. 20.

Salon.

TRAGARDT (Charles)

108 — Vaches au pârurage.

Signé à droite, en bas : *Tragardt.*

Toile. Haut., 36 cent ; larg., 57 cent.

TRAGARDT (Charles)

109 — La Petite gardeuse de vaches.

Signé à droite, en bas : *Tragardt.*

Toile. Haut., 63 cent.; larg., 91 cent.

DE LA VILLÉON

110 — Moisson.

Signé à droite, en bas : *G. de la Villéon, 1904.*

Toile. Haut., 50 cent. ; larg., 72 cent.

YON (Edmond)

111 — Billancourt.

Signé à droite, en bas : *Edmond Yon.*

Toile. Haut., 33 cent.; larg., 49 cent.

YON (Edmond)

112 — Vouvray.

Signé à droite, en bas : *Edmond Yon, Vourray.*

Toile. Haut., 32 cent.; larg., 50 cent.

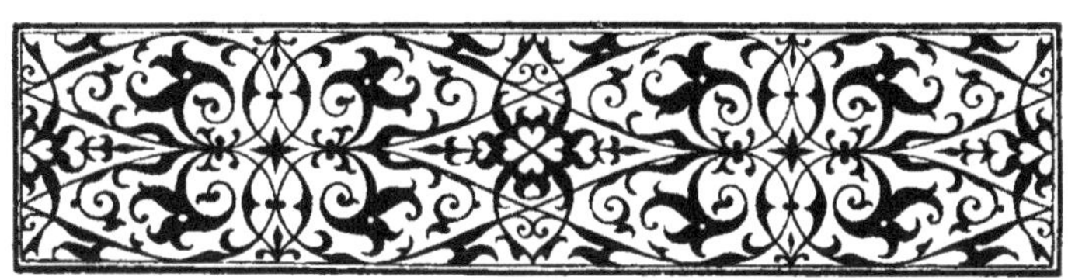

AQUARELLES
Pastels, Dessins

ANQUETIN

1 13 — Le Lever.

Pastel.

Signé à gauche. en bas : *Anquetin. 92.*

Haut., 60 cent.; larg., 48 cent. 1/2.

BERTON (Armand)

1 14 — Nymphe couchée.

Elle est nue : elle est couchée sur un pli de terrain, qui permet au torse un mouvement relevé : elle sourit. et ses bras se tordent en un geste à la fois caressant et sensuel.
Pastel.

Signé à gauche, en bas : *Armd. Berton, 89.*

Haut.. 34 cent.; larg., 55 cent.

4

BESNARD

115 — Le Modèle.

Une femme assise : le torse est nu, une chaînette est pendue au col et supporte un bijou qui glisse entre les deux seins. La poitrine est vivante et souple, les bras ont le galbe élégant avec, à la naissance de l'aisselle, des ombres sensuelles. La tête apparaît à demi dans l'ombre, sous l'embroussaillement de la chevelure rousse. Les chairs vives, palpitantes et chaudes, d'un frisson qui ressemble à une caresse, se dessinent en lumière crue sur un fond sombre.

Pastel.

Signé à gauche, vers le bas : *Besnard.*

Haut., 65 cent.; larg., 53 cent.

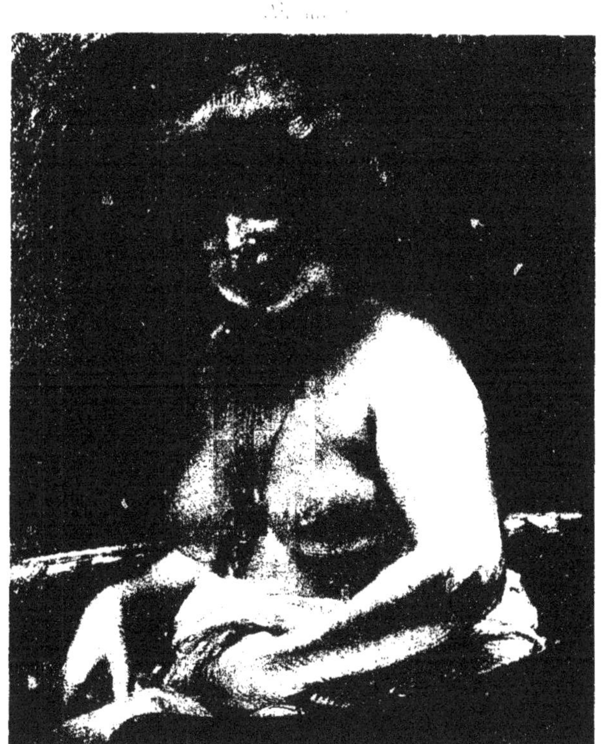

BOURDELLE (ÉMILE)

116 — Femme nue couchée.

Pastel.

Signé à gauche, en bas : *Émile Bourdelle.*

Haut., 44 cent.; larg., 62 cent.

CARRÉ

117 — Les Fiacres.

Aquarelle.

Signé à gauche, en bas : *Carré.*

Haut., 27 cent.; larg., 34 cent.

DANZEL

118 — Bords de rivière.

Aquarelle de forme ovale.

Signé à droite, en bas : *Ch. Danzel.*

Haut., 23 cent.; larg., 30 cent.

FONTAN

119 — Pommiers en fleurs.

Aquarelle.

Signé à droite, en bas : *E. Fontan.*

Haut., 40 cent.; larg., 50 cent.

GROSJEAN

120 — Chemin de Salavre (Ain).

Pastel.

Signé à droite, en bas : *Henri Grosjean.*

Haut., 36 cent.; larg., 45 cent.

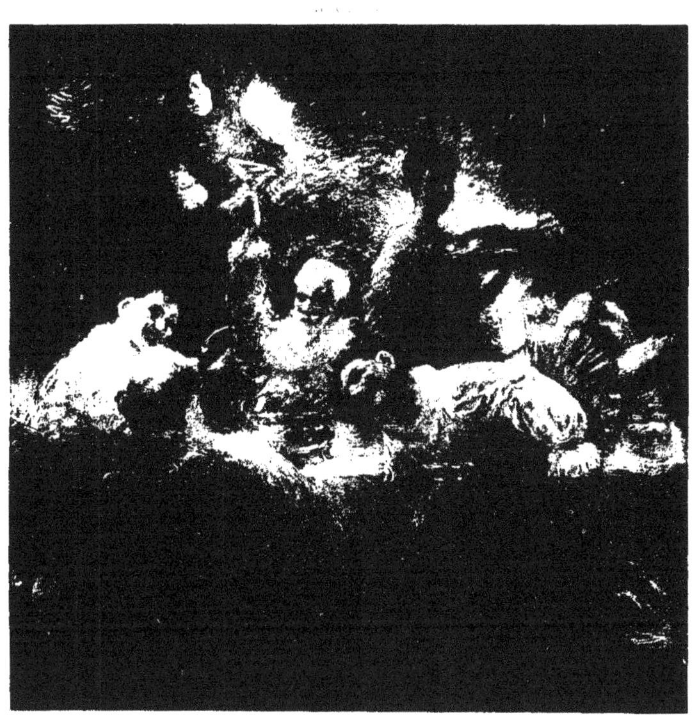

LA TOUCHE (Gaston)

121 — Ripaille.

Autour d'une table, dans le jardin, les galants et les belles
ont choqué leurs coupes. Ils ont bu : ils rient, ils sont joyeux.
A droite, au fond, une chambrière apporte un plat et, vers la
gauche, dans la demi-teinte, sur un socle, on aperçoit un
buste.

Pastel.

Signé à gauche, en bas : *G. La Touche*, 97.

Haut., 80 cent.; larg., 78 cent.

LA TOUCHE (Gaston)

122 — Barque sous les marronniers.

Entre les branches des marronniers apparait, comme une fleur fauve, une jeune femme, assise dans une barque. Elle est vêtue d'étoffes de mousseline blanche transparente. Autour de la barque, des cygnes nagent.

Pastel.

Signé à droite, vers le bas : *La Touche.*

Haut., 1 mètre; larg., 1 mètre.

MARTIN (Henri)

123 — La Femme aux coquelicots.

Recherche pour le célèbre tableau : *A chacun sa chimère.*

Pastel.

Signé à droite, en haut : *Henri Martin.*

Haut., 55 cent.; larg., 45 cent.

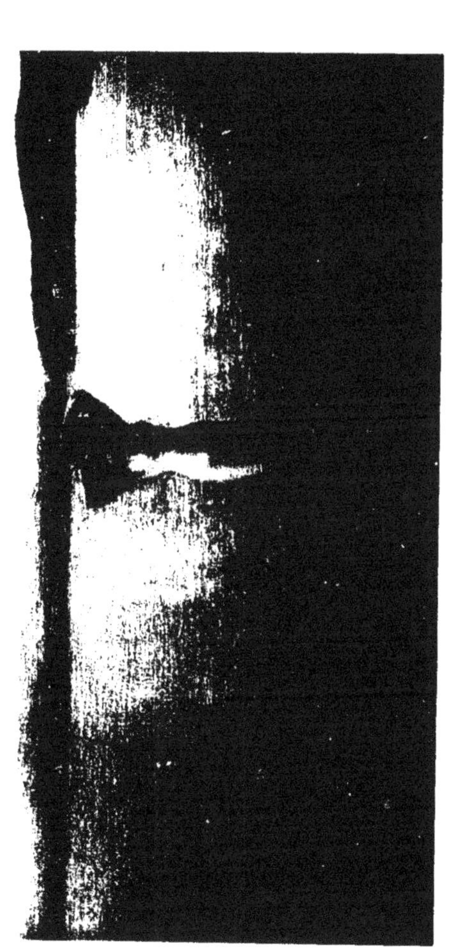

MÉNARD (René)

124 — Le Bain.

Émergeant de l'eau calme, dans une lumière chaude, la jeune fille, telle une nymphe, se tient debout. De ses deux bras relevés elle noue ses cheveux blonds. Les lignes graciles se dessinent dans l'atmosphère, presque transparentes. Derrière elle, au loin, on aperçoit des falaises, au-dessus desquelles planent des nuages légers dans le ciel immense.

Pastel.

Signé à droite, en bas : *E.-R. Ménard.*

Haut., 92 cent.; larg., 1 m. 18.

MENARD (René)

125 — L'Arc-en-ciel.

Au bord d'un étang, deux bœufs sont en train de prendre le frais : l'étang est situé au milieu d'un bois aux arbres devenus des géants d'orfèvrerie d'or sous les chaudes caresses de l'automne. Au-dessus des arbres, le ciel plane, chargé de nuages, sur un fond gemmé de lumière, et voici que, dans l'atmosphère, les vapeurs de l'eau dessinent l'arc-en-ciel aux décompositions prismatiques de lumière : le jour est à son déclin et embrase toutes les choses d'un dernier rayon fauve. Pastel.

Signé à droite, en bas : *E.-A. Ménard.*

Haut., 58 cent.; larg., 82 cent.

MÉNARD (René)

126 — Le Soir sur l'étang.

Au premier plan, à gauche, un étang où des bœufs se désaltèrent. Autour de l'étang, un champ aux bruyères basses, puis une forêt. Dans le ciel, où chevauchent des nuages blancs, les lueurs tardives du soir éveillent leur joie fauve et font papillonner des clartés rousses sur la cime des arbres. Dans l'étang, le ciel se réfléchit.

Pastel.

Signé à droite, en bas, du monogramme : *R.-E. M.*

Haut., 45 cent.; larg., 59 cent.

MONTENARD

127 — Le Refuge sur les sommets.

Pastel.

Signé à droite, en bas : *Montenard.*

Haut., 42 cent.; larg., 68 cent.

ROLL

128 — Nymphes au bord d'une source.

L'une est couchée, l'autre est assise. Elles sont nues, et la lumière promène des caresses sur leur chair vibrante et sur leurs chevelures rousses.

Pastel.

Signé à gauche, en bas : *Roll.*

Haut., 32 cent.; larg., 49 cent.

ROLL

129 — Le Baiser.

Dessin au crayon noir et à la sanguine, avec des rehauts de blanc, pour *les Joies de la Vie*.

Signé à droite, en bas : *Roll.*

Haut., 31 cent.; larg., 26 cent.

ROLL

130 — Le Modèle.

Debout, à moitié dévêtue, une jeune femme blonde, la tête baissée, dans l'atelier, avant la séance de pose.
Pastel.

Signé à droite, en bas : *Roll.*

Haut., 54 cent. 1/2 ; larg., 33 cent.

ROLL

131 — Passion.

Une femme nue, écroulée sur un divan. Elle presse de ses deux mains sa tête aux cheveux blonds. Le corps, au modelé réaliste, s'indique sur un fond de sanguine.
Dessin sur papier gris, rehaussé de pastel.

Signé à gauche, en bas : *Roll.*

Haut., 48 cent.; larg., 31 cent.

ROLL

132 — Étude pour « les Joies de la vie ».

Dessin au crayon sur papier mais, avec quelques reprises de blanc.

Signé à droite, en bas : *Roll.*

Haut., 40 cent.; larg., 28 cent.

ROLL

133 — Femme debout et femme accroupie.

Deux études à la sanguine, avec des reprises de blanc et au crayon noir, sur papier gris.

Signé à gauche, en bas : *Roll.*

Haut., 55 cent.; larg., 53 cent.

ROUSSEAU (J.-J.)

134 — Lassitude.

Pastel.

Signé à droite, en bas : *J.-J. Rousseau, 1894.*

Haut., 1 mètre; larg., 58 cent.

ROUSSEAU (J.-J.)

135 — Jeune femme endormie.

Pastel.

Signé à droite, en bas : *J.-J. Rousseau, 94.*

Haut., 44 cent.; larg., 60 cent.

SIMON (Lucien)

136 — Le Gars breton.

Debout, appuyé contre un mur, sa vareuse ouverte laissant apercevoir le haut d'un maillot rouge, les mains tombant naturellement.

Aquarelle.

Signé à droite, en haut : *L. Simon.*

Haut., 66 cent.; larg., 54 cent.

SIMON (Lucien)

137 — Deux Bretonnes debout.

De face, en un costume bariolé, l'une les mains croisées au devant de la taille, l'autre la main gauche relevée près de la joue.

Aquarelle sur papier crème.

Signé à droite, en haut : *L. Simon.*

Haut., 73 cent.; larg., 42 cent. 1 2.

SIMON (Lucien)

138 — En Bretagne.

Dans un intérieur, une jeune Bretonne assise porte un enfant sur ses bras, tandis qu'un autre enfant debout se tient près d'elle. Les trois figures sont vêtues de leur costume de fête.

Aquarelle.

Signé à gauche, en haut : *L. Simon.*

Haut., 73 cent.; larg., 62 cent.

TRAGARDT

139 — Les Porcs.

Aquarelle.

Signé à droite, en bas : *C. Tragardt, 1897.*

Haut., 29 cent. 1/2; larg., 47 cent.

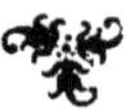

Gravures & Lithographies

HELLEU

140 -- **Figure de jeune femme.**

> Pointe sèche.

MARTIN (Henri)

141 — **Douleur.**

> Lithographie.

MARTIN (Henri)

142 — **Lithographie.**

RAFFAELLI (J.-J.)

143 — **Automne.**

> Eau-forte en couleur.
> Épreuve n° 88.

TOULOUZE-LAUTREC

1.44 — Une Valse à l'Élysée-Montmartre.

Lithographie.

Signé à gauche, en bas : *Lautrec.*

TOULOUZE-LAUTREC

1.45 — Lithographie.

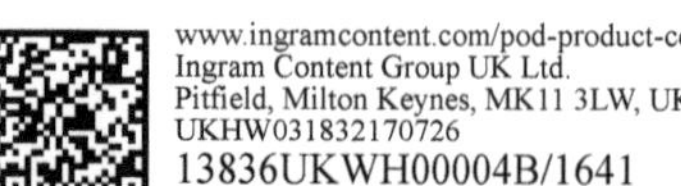
www.ingramcontent.com/pod-product-compliance
Ingram Content Group UK Ltd.
Pitfield, Milton Keynes, MK11 3LW, UK
UKHW031832170726
13836UKWH00004B/1641